DU

MASQUE DE FER.

PARIS, IMPRIMERIE DE GAULTIER-LAGUIONIE, HÔTEL DES FERMES.

DU
MASQUE DE FER,

OU

RÉFUTATION DE L'OUVRAGE DE M. ROUX FAZILLAC,

INTITULÉ

RECHERCHES HISTORIQUES SUR LE MASQUE DE FER,

ET

RÉFUTATION ÉGALEMENT DE L'OUVRAGE DE M. J. DELORT, QUI N'EST QUE LE DÉVELOPPEMENT DE CELUI DE M. ROUX-FAZILLAC, PUBLIÉ LE 15 OCTOBRE 1825, CHEZ DELAFOREST, LIBRAIRE A PARIS, ET QUI A POUR TITRE : HISTOIRE DE L'HOMME AU MASQUE DE FER.

PAR FEU M. DE TAULÈS,

ANCIEN CONSUL EN SYRIE.

SE TROUVE A PARIS,

CHEZ
{ PEYTIEUX, LIBRAIRE, GALERIE DELORME.
{ DELAUNAY, IDEM PALAIS-ROYAL.
{ PONTHIEU, IDEM IDEM.

1825.

AVERTISSEMENT
DE L'ÉDITEUR.

———

L'histoire de l'homme au Masque de Fer, que vient de publier M. J. Delort, n'étant que le développement de l'ouvrage de M. Roux-Fazillac, intitulé : *Recherches historiques sur le Masque de Fer*, nous pensons que le public accueillera avec plaisir l'écrit suivant, laissé par feu M. de Taulès, ancien consul en Syrie.

Le système que l'on y combat nous a paru réfuté de la manière la plus complète, et M. Roux, comme son critique le dit assez plaisamment, peut passer pour *avoir reçu son coup de grâce*.

Mais comme M. de Taulès a laissé, outre cet écrit, un autre manuscrit qui nous a semblé digne de quelque attention, et qui est fait pour intéresser tous ceux qui considèrent avec curiosité la fameuse anecdote du Masque de Fer, nous croyons également que cet écrit, qui est sous presse, sera également reçu avec plaisir du public : il a pour titre, *l'Homme au Masque de*

Fer, mémoire historique où l'on réfute les différentes opinions relatives à ce personnage mystérieux, et notamment celle du père Griffet, et où l'on démontre que ce prisonnier fut une victime des jésuites.

On y verra que le prétendu examen du père Griffet, sur l'anecdote du Masque de Fer, n'est qu'un véritable persifflage, et qu'il s'y est joué d'une manière sans exemple de ses lecteurs et de la vérité. Il est étonnant que les écrivains les plus judicieux, tels que Voltaire, Saint-Foix et divers autres, dont personne ne saurait révoquer en doute la pénétration et la sagacité, y aient été tous trompés sans aucune exception, et qu'ils aient pris bonnement des raisons qui ne sont que dérisoires, pour de véritables raisons [1]. Tous les faits,

---

[1] Tout le monde y fut trompé ; et notre critique, qui depuis a si bien dévoilé l'esprit dans lequel l'examen avait été composé, y fut long-tems trompé lui-même. Un seul homme ne donna pas dans cette méprise générale. Cet homme est *Favier*, génie rare dont l'esprit, la sagacité, la profondeur et les connaissances furent toujours un sujet d'étonnement pour ceux mêmes qui le fréquentaient le plus ; le public peut prendre une idée de ses talents dans les mémoires politiques qui forment les deux volumes intitulés *Correspondance secrète du comte de Broglie avec Louis XV* : ces mémoires sont tous de lui. Nous avons trouvé dans une note de notre critique,

ou faux ou incertains, d'après lesquels le public avait toujours raisonné sur ce trop fameux personnage, y sont détruits par tant de détails vrais et constatés, qu'on ne peut s'empêcher de penser que l'auteur a réellement connu dans toutes ses circonstances l'anecdote du Masque de Fer.

Son ouvrage a d'ailleurs été annoncé plusieurs fois.

Le Publiciste du mardi 7 nivôse an 11 s'exprime en ces termes :

« J'imagine que vous apprendrez avec plaisir « qu'on touche enfin au moment de connaître « quel a été réellement cet homme au Masque de « Fer, qui a si fort excité la curiosité, depuis que « Voltaire a donné à cette anecdote l'éclat qu'il « savait donner à tous les sujets qu'il traitait. La « révélation de ce mystère, qui ne tardera pas à être « rendue publique, en détruisant toutes les hy- « pothèses qu'on a bâties sur ce sujet, servira du

que lisant un jour à Favier son ouvrage sur le Masque de Fer, dans lequel il supposait que ce mystère était inconnu au père Griffet, Favier lui dit tout-à-coup du ton d'un homme qui aurait été inspiré, *Vous vous trompez, il le savait.*

Favier était effectivement un homme extraordinaire ; jamais personne n'a eu un tact plus fin et plus sûr.

« moins à démontrer l'absurdité de tout ce que
« des écrivains, d'ailleurs estimables, ont imaginé
« et écrit au sujet du prisonnier inconnu dont
« il est question. Il ne m'est pas permis de nom-
« mer l'auteur de cette découverte; je puis seule-
« ment vous dire que c'est le même à qui l'on
« doit une relation concernant le prince royal
« de Prusse, depuis le grand Frédéric, qui a été
« publiée en 1796, dans des opuscules philoso-
« phiques et littéraires, et que c'est par erreur que
« cette anecdote intéressante fut mise alors sous le
« nom de Thomas, son ami, auquel il en avait
« laissé prendre une copie en 1764.

« La même personne a eu des liaisons avec
« Voltaire et en a conservé un assez grand nom-
« bre de lettres, parmi lesquelles il en est plu-
« sieurs qui sont précieuses et qu'on pourra don-
« ner un jour au public. »

Et M. le baron de Vioménil, dans ses lettres
particulières sur les affaires de Pologne, en 1771
et 1772, publiées en 1808, en 1 vol. in-8°, chez
Treuttel et Würtz, s'exprime de la sorte :

« En faisant des recherches dans des archives pu-

« bliques, M. de Taulès a trouvé un fil qui, suivi

« avec sa persévérance et sa sagacité accoutumées,

« paraît l'avoir conduit à découvrir le véritable se-

« cret du prisonnier *au Masque de Fer*. Il a com-

« posé à ce sujet un ouvrage assez considérable ,

« que nous avons lu et dont nous ne dévoilerons

« pas le résultat, afin de ne pas priver ceux à qui il

« a laissé son manuscrit des avantages qu'ils peu-

« vent retirer de cette intéressante découverte. »

AVANT-PROPOS.

Il parut à Paris, en l'an IX, une brochure sous le titre suivant :

« Recherches historiques et critiques sur le « Masque de Fer, d'où résultent des notions cer- « taines sur ce prisonnier.

« Ouvrage rédigé sur des matériaux authenti- « ques par monsieur Roux-Fazillac, ex-législa- « teur. »

Cet ouvrage est composé d'une relation et d'une dissertation. La relation contient une anec- dote politique assez intéressante, qui se fait lire avec plaisir. C'est toujours une obligation que l'on aura au sieur Roux, et l'obligation sera plus grande encore, si la dissertation, qu'il avait destinée à nous prouver que le comte Matthioly est le Masque de Fer, nous sert au contraire à prouver qu'il ne l'est pas. Ce sera au lecteur d'en juger. Nous allons mettre sous ses yeux un précis bien exact de la relation et de la disser- tation.

DU

MASQUE DE FER.

PRÉCIS DE LA RELATION.

En 1677, M. l'abbé d'Estrades, ambassadeur de France auprès de la république de Venise, eut ordre de voir s'il n'y aurait pas quelque moyen d'engager le duc de Mantoue *à céder* la ville de Casal à Louis XIV. Pour entamer cette négociation, il jeta les yeux sur un certain comte *Matthioly*, qui, dans différentes occasions, lui avait témoigné un grand désir de se rendre utile au service du roi. Il lui envoya en conséquence un nommé *Juliani*, rédacteur de feuilles publiques, dont il avait déjà éprouvé la fidélité. *Juliani* alla trouver *Matthioly* à Vérone, eut une conférence avec lui, et revint très-content de ses dispositions.

Matthioly avait été secrétaire du dernier duc de Mantoue; mais il n'était rien auprès de son fils, Ferdinand-Charles de Gonzague, alors régnant. Cet homme résidait ordinairement à Vérone; mais on le voyait sans cesse à Turin, à Venise, à Milan, à

Mantoue, à Bologne, et dans diverses autres villes, toujours occupé d'intrigues pour tâcher d'établir sa fortune. Son père demeurait à Padoue. Il avait des frères, une femme, des enfants [1]. M. de Catinat, dont la douceur et la bonté sont connues, ne parle jamais de lui dans ses dépêches, qu'en le qualifiant de fripon, *de grand fripon*: c'était effectivement un des plus grands fourbes qu'ait jamais produit l'Italie, et s'il éprouva un sort rigoureux, ce sort fut sans doute bien mérité.

La première démarche de ce politique aventurier, dès qu'il se fut aperçu qu'on avait besoin de lui, fut d'écrire à Louis XIV. « M. l'abbé « d'Estrades, (dit-il dans sa lettre) m'ayant con- « fié que, pour réussir dans l'entreprise que votre « majesté médite sur les états de Milan, il serait « nécessaire qu'elle fût mise en possession de la « place de Casal, je me suis empressé de contri- « buer de mes faibles moyens à la mettre à même

[1] Ces minutieuses particularités, en apparence si inutiles, ne sont pas toutes dans le texte; mais ce n'est pas sans motif qu'on en a chargé cet article. Elles servent à faire voir qu'on ne saurait appliquer à Matthioly le mot si connu de Louis XV à M. de Laborde, son premier valet-de-chambre, lorsque ce prince lui dit que la détention du prisonnier connu sous le nom du Masque de Fer *n'avait fait tort à personne qu'à lui.*

Ce mot était très-vrai, mais il ne l'eût pas été, si Louis XV eût eu en vue Matthioly, car celui-ci tenait à une famille nombreuse, qui dut se ressentir de son arrestation.

« d'arriver à ce but ; je bénis le sort qui me pro-
« cure l'honneur signalé de servir un aussi grand
« monarque , que je regarde et que je révère
« comme un demi-dieu. »

Le duc de Mantoue, attaché par différents liens
à la maison d'Autriche , en était alors mécontent.
Matthioly trouva donc peu de difficulté à lui
faire écouter des propositions. Ce prince et l'ambassadeur du roi eurent ensuite une entrevue
d'une heure, à minuit, dans une place publique
de Venise, pendant le carnaval. Le résultat de
cette entrevue fut que Matthioly passerait secrètement en France, pour y terminer la négociation. Il partit avec *Juliani*, et ils y arrivèrent
vers la fin de 1678.

Matthioly se rendit sur-le-champ chez M. de Pom-
pone, ministre des affaires étrangères ; il y trouva
M. l'abbé d'Estrades, qui de son côté avait passé
de Venise en France pour le même objet ; on fut
d'accord sur toutes choses dans trois conférences.
Matthioly ne reçut d'abord qu'une légère récom-
pense ; mais il eut la promesse qu'après l'exé-
cution du traité, qui venait d'être signé, il lui
serait remis une somme de quatre cent mille
roubles [1] ; que son fils serait placé dans les pages

---

[1] Les roubles ne sont connus qu'en Russie ; quoi qu'il en soit,
cette somme du sieur Roux paraît d'autant plus forte que Cazal
ne coûta au roi, en 1681, que 8000 pistoles.

du roi, et que son frère serait nommé à une bonne abbaye. Muni d'une instruction de M. de Louvois sur la manière d'introduire dans Casal les troupes françaises, Matthioly repartit pour Mantoue.

En conséquence du traité, le roi fit marcher divers corps de troupes vers les frontières de l'Italie. Le marquis de Boufflers, qui en eut le commandement, alla à Briançon, pour y attendre le moment de les assembler et de les faire agir. M. de Catinat, qui devait servir sous ses ordres, se rendit secrètement à la citadelle de Pignerol, où commandait Saint-Mars, et il y demeura plusieurs mois caché sous le nom de Richemont. Le baron d'Affeld, nommé pour échanger les ratifications du traité, se rendit de son côté à Venise, pour y convenir avec Matthioly du temps et du lieu où cet échange pourrait s'exécuter [1].

L'échange traîna long-temps malgré tous les soins que se donna le baron d'Affeld pour le hâter. Il avait beau presser Matthioly de conclure, celui-ci avait toujours quelques raisons spécieuses pour justifier les délais qu'il apportait à la conclusion. Il parut enfin se décider. Il déclara au baron d'Affeld qu'il se trouverait le 9

---

[1] On remarquera ici comme une singularité que les 3 officiers employés à jouer un rôle dans cette affaire, étaient tous les trois destinés à être un jour maréchaux de France.

mars au village d'Incréa, à dix milles de Casal, pour y échanger ces ratifications tant désirées; et que le 15, le duc de Mantoue se rendrait à Casal pour y recevoir lui-même, le 18, les troupes françaises. D'Affeld, au comble de ses vœux, part aussitôt pour Pignerol, afin d'y concerter avec Catinat la marche des troupes, qui devaient prendre possession de Casal. Mais, chemin faisant, il est inopinément arrêté par les ordres du comte de Melgar, gouverneur du Milanez, et conduit prisonnier au château de Milan.

A la première nouvelle de l'arrestation du baron d'Affeld, le roi se hâta de lui substituer M. de Catinat, qui reçut ordre de se transporter à *Incréa* au jour fixé par Matthioly pour l'échange des ratifications. Ce jour arrivé, Catinat sort mystérieusement de Pignerol accompagné d'un lieutenant de Saint-Mars et d'un homme de confiance que M. d'Estrades lui avait donné. Il arrive à Incréa, mais Matthioly n'y avait point paru. Il avance plus loin; il ne peut réussir à en avoir aucune nouvelle. Parvenu à un village, à six milles de Casal, il y passe la nuit; mais à son réveil il apprend que tous les villages des environs ont pris les armes pour l'envelopper et qu'un détachement de cavalerie s'avance vers lui. Ce détachement arrive, l'arrête et le mène à Casal. Il y fut pourtant accueilli avec de grandes honnêtetés : le gouverneur lui envoya son carrosse pour le conduire à son hôtel : il lui donna même un repas splendide, dans lequel chacun porta à l'envi, mais avec dérision sans doute, la santé de Louis XIV. On le laissa repartir ensuite, en lui faisant des excuses non moins dérisoires sur la peine qu'on lui avait donnée de venir dans la ville malgré lui.

On n'avait encore à la cour aucune défiance sur la conduite de Matthioly. On y était tellement persuadé de sa bonne foi, qu'on avait craint qu'il n'eût partagé le sort du baron d'Affeld, et qu'il n'eût été arrêté comme lui. M. d'Estrades pensait bien différemment. Le bruit des desseins du roi sur Casal et de la négociation qui avait eu lieu, déjà très-répandu en Italie, lui avait donné les plus violents soupçons. Il lui paraissait impossible qu'il eût transpiré des détails sur le voyage et le séjour de Matthioly en France, si lui-même ne les eût pas révélés. Il parvint enfin à avoir des preuves que ce traître avait vendu le secret du roi, et tous les actes de la négociation à la duchesse de Savoie, à la république de Venise, à l'Espagne et à l'empereur, les quatre puissances les plus intéressées à empêcher que Louis XIV n'eût en Italie un pareil établissement. C'est à lui seul aussi sans doute que devait être imputée l'arrestation du baron d'Affeld. Il s'était flatté, en

le livant aux ennemis de la France, que les papiers qu'on trouverait sur lui dévoileraient toute
l'intrigue, et que si on venait à l'accuser lui-
même de l'avoir révélée, il pourrait se justifier
en rejetant sur ces papiers saisis la connaissance
qu'on avait déjà de toute la négociation.

L'abbé d'Estrades, furieux d'avoir été joué aussi
indignement par ce fourbe, ne songea désormais
qu'aux moyens d'avoir raison de sa perfidie. Il
continua de donner à Matthioly des marques de
la plus grande confiance. Il feignit de compter
plus que jamais sur les assurances qu'il ne ces-
sait d'en recevoir, que, malgré les contre-temps,
qu'une malheureuse fatalité avait fait essuyer à
leur entreprise, on réussirait encore à mettre
Casal entre les mains du roi. Il le ménagea enfin
avec tant d'adresse, qu'il le porta insensiblement
à désirer une entrevue avec M. de Catinat Matthioly la sollicita et il n'eut pas de peine à l'obtenir.
M. d'Estrades, après avoir tout concerté avec Catinat, convint avec Matthioly que cette entrevue
aurait lieu le 2 mai 1679 dans une maison écar-
tée, à trois milles de Pignerol, sur les terres du
roi. Au jour convenu, l'ambassadeur, accompagné de l'abbé de Montesquiou, son parent, alla
prendre Matthioly, hors des portes de Turin,
dans une église, où cet homme s'était rendu secrètement, au point du jour, pour mieux cacher

son voyage. Ils partirent de là ensemble ; parvenus au bord d'un ruisseau, à trois milles de la maison où Catinat devait se trouver, l'abbé d'Estrades y laissa sa voiture avec tous les gens de sa suite, et tous trois faisant à pied le reste du chemin, ils arrivèrent au lieu où ils étaient attendus. Catinat parut d'abord seul. Après quelques propos sur l'affaire de Casal, M. d'Estrades jugeant que sa présence était désormais inutile, et qu'il n'était pas de la dignité de son caractère d'assister à la scène qui allait se passer, se retira avec l'abbé de Montesquiou, et Matthioly fut aussitôt arrêté. Catinat l'emmena le même soir à Pignerol et le remit entre les mains de Saint-Mars [1]. M. d'Estrades, rentré dans Turin, où il était alors ambassadeur, engagea adroitement le valet de Matthioly à porter à son maître ses hardes et ses papiers [2].

Mais les papiers les plus intéressants, c'est-à-dire les actes originaux de la négociation, les seuls

---

[1] « Je me suis seulement servi pour l'arrêter de deux officiers de « Saint-Mars et de 4 hommes de sa compagnie. Cela s'est passé sans « aucune violence, et personne ne sait le nom de ce fripon... Je lui « ai donné le nom de Lestang. »

Lettre de Catinat à Louvois du 3 mai 1679.

[2] « M. l'abbé d'Estrades, par ses soins et son adresse, a trouvé « moyen d'envoyer à Pignerol le valet du sieur Lestang avec ses « hardes et tous ses papiers. »

Lettre de Catinat à Louvois du 6 mai 1679.

que M. d'Estrades désirait, ne se trouvèrent point parmi ceux que le valet de Matthioly avait apportés. *L'ambassadeur*, porte une lettre de Catinat, a jugé qu'il n'y avait point de temps à perdre pour les avoir. Matthioly, avant que d'être arrêté, fort éloigné même de soupçonner qu'il dût l'être, avait déclaré, *Que tous ces papiers étaient dans une cassette à Boulogne, entre les mains de sa femme, qui était retirée dans le couvent des filles de Saint-Louis :* mais il en avait imposé, et ce fourbe avait menti en cela, comme il mentait en tout lorsqu'il était libre. Menacé de la question, la peur lui arracha enfin la vérité. *Il avoue alors que les papiers originaux de la négociation sont à Padoue, cachés dans un trou de muraille d'une chambre, qui est au logis de son père, qu'il dit être connu de lui seul.* Quand on avait cru que les papiers étaient à Boulogne, Catinat, pour tâcher de les avoir, s'était proposé d'y envoyer *Blainvilliers*, lieutenant dans la compagnie franche de Saint-Mars, et probablement à la recommandation de Saint-Mars même, qui s'intéressait à lui [1]. Quand on fut assuré que

---

[1] « J'ai choisi Blainvilliers, ce qui est aussi un choix au goût de « M. de Saint-Mars, pour aller à Boulogne comme capable de se « bien conduire en pareilles affaires. » *Lettre de Catinat à Louvois.*

Il sera encore parlé de Blainvilliers, qui joue un rôle marquant dans l'aventure du véritable Masque de Fer.

ces papiers étaient à Padoue, il ne fut plus question de Blainvilliers. Juliani, recommandé par M. l'abbé d'Estrades, dont il avait toute la confiance, y fut envoyé. Il s'acquitta de sa commission avec intelligence, puisqu'il engagea le père de Matthioly à lui remettre tous les papiers qu'on désirait [1].

Tel est le fond de la relation. Matthioly est connu présentement. Nous avons vu aussi qu'arrêté par Catinat, il avait été conduit à Pignerol, et remis entre les mains de Saint-Mars, qui fut chargé de sa garde. C'est ce qu'il importait de savoir. Venons à la dissertation.

---

[1] « Les papiers originaux ont été remis à Juliani. Il a bien fait « son devoir, et a si bien persuadé le père du dit Lestang qu'ils lui « sont remis entre les mains avec confiance. »

Lettre de Catinat à Louvois du 3 juin 1679.

PRÉCIS DE LA DISSERTATION,

ENTREMÊLÉ DE QUELQUES RÉFLEXIONS.

On ne se serait pas attendu sans doute à trouver dans un homme tel que Matthioly, le prisonnier si fameux connu sous le nom de Masque de Fer. C'est pourtant ce que M. Roux-Fazillac prétend nous demontrer de la manière la plus authenti- que. « La vérité, dit-il, me presse de mettre au « jour un problème politique, enfin résolu dans « ce genre de travail, qui sans doute sera le der- « nier sur ce sujet: car, j'ose le dire avec quel- « que confiance, les éclaircissements que je vais « donner ne laisseront rien à désirer aux amis de « la vérité, sur l'état positif du prisonnier *au* « *Masque de Fer.* »

C'est ainsi que s'exprime M. Roux. Quel ne sera donc pas son étonnement, si, malgré tout le respect qui est dû à un ex-législateur, nous fi- nissons par lui prouver que ces éclaircissements qu'il nous annonce avec tant de confiance, lais- sent encore tout à désirer aux amis de la vérité ?

M. Roux, fondé sur la tradition, établit pour base de son système, que le Masque de Fer fut d'abord enfermé dans la citadelle de Pignerol, sous la surveillance de Saint-Mars qui en avait le commandement; et que Saint-Mars, appelé ensuite à d'autres places, l'eut constamment sous sa garde et ne se sépara jamais de lui.

Ce principe posé, il ne s'agit que de connaître véritablement les prisonniers qui furent alors enfermés à Pignerol, et ceux que Saint-Mars emmena avec lui dans ses différents gouvernements. Il est évident d'après ce principe, que si de tous ces prisonniers, il n'en reste plus qu'un seul sous la garde de Saint-Mars, au moment de son départ pour la Bastille, ce prisonnier doit être nécessairement *le Masque de Fer*.

M. Roux-Fazillac, par la position où il se trouvait placé (il était membre de la Convention nationale), fut autorisé à compulser toutes les archives, et il y prit la liste de tous les prisonniers qui avaient été confiés à la garde de Saint-Mars dans la citadelle de Pignerol. La voici, mais débarrassée de beaucoup de détails qui dans ce moment sont inutiles.

État des prisonniers qui furent détenus à Pignerol, pendant que Saint-Mars en eut le gouvernement.

Eustache d'Auger, enfermé en 1669.

Caluzis ou Bulicary, ... en 1673.
Un moine dominicain ,..... en 1674.
Dubreuil, ... en 1676.
Matthioly , ... en 1679. [1]

Ces prisonniers sont au nombre de cinq, et de ces cinq, trois disparaissent aussitôt sans qu'on nous dise ce qu'ils sont devenus ; il est à présumer qu'ils étaient morts ou qu'ils avaient été rendus à la liberté. Quoi qu'il en soit, les voilà réduits à deux, et ces deux sont *Matthioly* et le *dominicain*. Ce moine était un très-mauvais sujet, s'il faut en croire M. de Louvois, qui écrit à Saint-Mars, *Que ce n'est qu'un fripon insigne, qui, en matière très-grave, a abusé de gens considérables.* La relation a fait voir que Matthioly ne valait pas mieux que lui.

M. Roux avoue qu'on n'eut pour le ministre de Mantoue aucun des égards que tous les écrivains ont prétendu qu'on observa constamment envers le Masque de Fer. Durement traité dans sa prison, Matthioly ne tarda pas à y devenir fou d'ennui et de désespoir [2]. Saint-Mars finit par l'enfermer dans une même chambre avec le do-

---

[1] Il est inutile de parler de Fouquet et de Lauzun. On sait que le premier mourut dans sa prison en 1680, et que le deuxième, mis en liberté en 1681, joua encore un rôle brillant dans le monde.

[2] « Je dirai à monseigneur que le sieur de Lestang, c'est-à-dire

minicain, qui l'avait précédé dans sa folie et qui était encore plus fou que lui. C'est donc à ces deux fous à se disputer le triste honneur d'être le Masque de Fer.

En 1681, Saint-Mars passa au gouvernement d'Exilles, et il y mena les deux prisonniers. Pendant son séjour à Exilles, l'un des deux prisonniers mourut. M. Roux n'a pu découvrir lequel des deux était mort, si c'était *Matthioly* ou le *dominicain*; mais pour ne pas laisser ses lecteurs trop long-temps dans la peine, il se hâte de les prier *d'espérer que la discussion résoudra ce problème, et qu'il ne leur restera rien à désirer à cet égard.*

En 1687, Saint-Mars fut nommé au gouvernement des îles Sainte-Marguerite et Saint-Honorat. Il douta quelque temps s'il continuerait à être chargé de la garde du prisonnier vivant, ou s'il le laisserait à Exilles pour y être gardé par son successeur. Il fut décidé qu'il l'emmenerait avec lui.

Après dix ans de séjour aux îles Sainte-Marguerite, c'est-à-dire en 1698, Saint-Mars fut appelé au gouvernement de la Bastille.

« Matthioly devient comme le moine que je garde, c'est-à-dire fou à
« faire des extravagances. »
Lettre de Saint-Mars à Louvois du 6 janvier 1680.
« Depuis que monseigneur m'a permis de mettre Matthioly avec
« le jacobin... Matthioly, qui est presque aussi fou que lui, etc.... »
Lettre de Saint-Mars à Louvois du 7 septembre 1680.

Pendant six années que le prisonnier resta à Exilles, et durant dix autres années qu'il est censé avoir passées à Sainte - Marguerite, jamais il n'a été parlé de Matthioly; son nom n'a pas même été prononcé. Après ce long silence, M. Roux prétend le reconnaître et nous le montrer dans des lettres officielles au moment du départ de Saint-Mars pour la Bastille. A la vérité, il ne nous donne pas ces letttres, comme il nous en a donné plusieurs autres parmi les pièces justificatives : il se contente de les citer. Elles se réduisent à deux , à une lettre de Saint-Mars et à une réponse du ministre. *Saint-Mars*, nous dit M. Roux, *avant son départ des îles Sainte-Marguerite, demande qu'on lui expédie des ordres, qui lui assurent des logements le long de la route*, et le ministre lui répond: *Il suffira que vous logiez, en payant, le plus commodément et le plus sûrement qu'il vous sera possible.* Dès ce moment, il n'est plus question en aucune manière de ce prisonnier, pas même des précautions à prendre, comme dans les translations précédentes, quoiqu'il s'agisse ici d'un voyage de deux cents lieues. *Le prisonnier*, ajoute brusquement M. Roux, *mourut cinq ans après, et fut inhumé dans la paroisse de Saint-Paul, le 19 de novembre 1703...*mais ce qu'il dit de cette mort, de cet enterrement, il ne fait que le supposer; il n'en donne absolument aucune preuve, ni bonne ni mauvaise., il ne fait enfin que répéter, que copier, en l'appliquant à Matthioly, ce qui se trouve écrit sur Marchialy, c'est-à-dire sur le Masque de Fer dans une multitude de livres, et ce qui depuis long-temps égare l'opinion publique.

M. Roux, ainsi qu'on l'a vu, ayant établi pour base de son système que le Masque de Fer avait été d'abord enfermé à Pignerol, c'est peut-être ici le lieu de lui demander où se trouvent les preuves de cette assertion fondamentale. Prétendrait-il nous donner pour une preuve le journal de Dujonca, ou, ce qui est la même chose, le témoignage du père Griffet, qui le premier apprit au public, vers l'année 1770, que le Masque de Fer avait été enfermé à Pignerol, et que cette citadelle avait été sa première prison ? Ne serait-il pas absolument possible que le père Griffet nous eût fait malicieusement des *contes jaunes*, pour se moquer de nous, comme Saint-Mars, dans une autre occasion, écrivit à M. de Louvois qu'il en faisait aux curieux pour se moquer d'eux ? Le témoignage de ce jésuite formerait-il enfin une autorité à laquelle nous fussions obligés en conscience de soumettre aveuglément notre raison [1]; mais si par événement tout cela n'était qu'une supposition; s'il était vrai, par exemple,

[1] Le célèbre Fra-Paolo ne le croyait pas, et il connaissait la so-

s'il était prouvé, malgré le père Griffet, malgré le
journal de Dujonca, malgré la tradition, que le
Masque de Fer n'entra jamais dans Pignerol; que
jamais il n'y fut sous la surveillance de Saint-
Mars, ne serait-ce pas en vain qu'on se serait fa-
tigué, et qu'on se fatiguerait encore à vouloir reconnaître le Masque de Fer parmi les prisonniers
qui sont sortis de Pignerol et que Saint-Mars y
eut sous sa surveillance ?

M. Roux nous pardonnera-t-il d'oser lui demander encore s'il est bien certain que Saint-
Mars emmena avec lui un prisonnier lorsqu'il fut
prendre possession du gouvernement de la Bastille, en 1698? Les mots *commodément et sûrement*, qui se lisent dans les deux lignes que M. Roux
cite de la lettre du ministre, pourraient seuls
faire présumer que Saint-Mars menait réellement
un prisonnier avec lui.... Mais si ces deux mots
n'étaient pas dans cette lettre, qu'en résulterait-
il [1]?..... Au surplus, nous n'avons pas besoin de

ciété. Prenez toujours l'inverse de ce qu'assure un jésuite, nous
dit-il dans ses écrits, si vous voulez parvenir à connaître la vérité.

[1] Ne serions-nous pas un peu excusables quand même il nous
resterait quelque léger soupçon à cet égard? Si M. Roux a copié
sans exactitude dans son texte des lettres officielles qu'il nous
donne à la fin de son ouvrage, pourquoi ne se serait-il pas trompé
de même dans les lettres dont il ne communique pas les originaux.
Saint-Mars avait écrit à M. de Louvois, *qu'en enfermant un prisonnier, il lui avait dit, que s'il lui parlait à lui-même ou à quelqu'autre,*

lui rien contester ; admettons tout, accordons tout à M. Roux, les faits comme les raisonnemens. Croyons que Saint-Mars emmena avec lui Matthioly, ou le dominicain, et que le prisonnier vivant, quel qu'il soit des deux, étant mort à la Bastille, le 19 novembre 1703, il fut enterré le lendemain à Saint-Paul; l'opinion de M. Roux n'y gagnera pas davantage, puisqu'il sera bientôt démontré que Matthioly n'est pas le Masque de Fer.

Ce n'est qu'après ces différentes notions, après une multitude de vains raisonnemens, que M. Roux prétend en venir à la discussion.

« Analyser pour la dernière fois, dit-il, les er-
« reurs de l'opinion, prouver d'une manière po-
« sitive quel fut l'état du prisonnier, telle est la
« tâche qu'il nous reste à remplir. »

d'autre chose que pour ses nécessités, il lui mettrait son épée dans le ventre. C'est la défense qu'on faisait à tous les prisonniers sans distinction, à leur entrée à la Bastille, avec un peu plus de douceur probablement que Saint-Mars n'en montre dans cette occasion. On voulait qu'ils ne fissent des questions aux porte-clefs que relativement à leurs besoins et à leurs nécessités. Mais comment M. Roux rend-il dans son texte ces paroles de Saint-Mars? Il lui fait dire au prisonnier que s'il proférait un mot, *qui tendît à le faire connaître à lui-même ou à quelqu'autre, il lui mettrait son épée dans le ventre.* La chose, comme on le voit, est un peu différente. C'est le Masque de Fer à qui il était défendu de se faire connaître sous peine de la vie. M. Roux s'est donc évidemment trompé, ou le désir de rendre son système plus vraisemblable lui aura fait hasarder ce changement, dont il se sera dissimulé l'importance.

Mais comment M. Roux remplit-il cette tâche ? il la commence par une transition subite qui étonne, parce qu'aucun antécédent n'y conduit. Voici donc ce qui suit immédiatement, sans aucune liaison, sans aucune gradation, la promesse qu'il nous fait de prouver d'une manière positive quel fut l'état du prisonnier. Nous allons rapporter fidèlement ses propres paroles.

« Confié, dit-il, à tant de personnes, dans une
« cour corrompue, un secret qui semblait inté-
« resser la tranquillité du royaume, aurait-il resté
« inviolablement gardé ? influencé par les femmes,
« Louis XIV aurait-il pu le dissimuler, surtout à
« madame de Maintenon, et celle-ci ne se serait-
« elle pas empressée de le communiquer à ses
« directeurs ? Le régent et le cardinal Dubois n'en
« auraient-ils pas fait un sujet de risée dans le
« scandale de leurs orgies ? Les Mailly, les Châ-
« teauroux, les Pompadour, les Dubarry, etc.,
« n'auraient-elles pas pénétré ce mystère dans
« l'ame de Louis XV, lorsqu'il avait perdu la rai-
« son dans le sein de l'ivresse et des voluptés ? et
« si Turenne a pu trahir, un jour de faiblesse, celui
« de l'état, supposera-t-on que tant d'hommes,
« qui n'avaient ni sa vertu, ni son caractère ré-
« servé, aient eu la force de se taire ? c'est parce
« que le fait est simple, qu'il est devenu un mys-
« tère et que des circonstances éparses le présen-

« tent sous l'apparence du merveilleux. Les his-
« toriens ont acccumulé, identifié, appliqué in-
« distinctement dans le même individu, qu'ils
« ont nommé le Masque de Fer, toutes les parti-
« cularités qui sont relatives à plusieurs. »

On pourrait desirer un peu plus de modéra-
tion dans ces réflexions, on désirerait surtout
qu'elles fussent plus instructives, mieux dirigées
vers leur but et surtout qu'elles prouvassent davantage. Peut-être M. Roux-Fazillac aurait-il dû
prudemment se défier un peu du genre de con-
viction que ces réflexions doivent produire dans
un esprit impartial aux lecteurs. Quoi qu'il en
soit, il les termine par se demander : « Quel est
« donc enfin cet anonyme impénétrable, que les
« regards poursuivent depuis si long-temps et qui
« a fourni tant de textes aux entretiens, aux ro-
« mans, aux spéculations politiques? » Et voici
quelle est sa réponse; elle n'est que trop dans le
même genre des réflexions qui ont précédé.

« C'est, dit-il, nous osons l'assurer, ou le mi-
« nistre du duc de Mantoue, ou le moine domi-
« nicain : mais je trouve dans le nom Marchialy,
« sous lequel le prisonnier a été inhumé, si peu
« de différence avec celui de Matthioly, que je les
« identifie, et que je n'y vois que le ministre ita-
« lien. On peut attribuer la cause de la dissem-
« blance à une erreur du transcripteur. On sait

« que cette espèce d'altération est assez commune
« sur les registres des naissances et des morts, et
« qu'elle produit trop souvent de funestes incer-
« titudes sur l'état civil des personnes; mais sans
« nous arrêter à cette dernière idée, je vois dans
« la seule politique l'intérêt de faire mal écrire sur
« le verbal mortuaire le nom de Matthioly; l'en-
« lèvement de celui-ci, quel qu'en soit le motif,
« déploye dans toute son évidence une violation
« du droit des gens. Il était donc intéressant à
« la dissimulation de la cour de laisser sous le
« voile du secret les vestiges d'une action violente,
« même après la mort de celui qu'elle avait im-
« molé [1]; et si Catinat avait cru devoir substi-
« tuer le nom de *Lestang* à celui de Matthioly,
« l'altération remarquée sur le registre mortuaire

---

[1] Il était intéressant, etc!... Il est mille fois prouvé que ce secret n'en fut jamais un pour l'Italie. Le projet d'enlever Matthioly avait été confié d'avance à la duchèsse de Savoie, et cette princesse y avait consenti, pourvu que l'enlèvement ne se fît pas sur son territoire. Toute l'ambassade française en fut parfaitement instruite. Le cocher et les valets, que M. d'Estrades avait laissés à trois milles de Pignerol, virent tous que Matthioly n'était point revenu avec l'ambassadeur et avec l'abbé de Montesquiou. *Juliani* ce journaliste italien, qui joua un grand rôle dans toute cette affaire, lui fut confronté dans sa prison. Son père, ses frères, sa femme, ses enfants, n'ignorèrent aucune circonstance de son enlèvement. Son propre valet lui porta ses effets dans Pignerol. Quand son père se détermina à remettre les papiers originaux de la négociation, ce fut par la crainte que son fils étant arrêté, on ne le fît mourir. Sa détention fut

« de Saint-Paul est une conséquence de la me-
« sure prise à cet égard, lors de l'arrestation.
« Enfin, si c'est un autre individu, où peut-on
« trouver l'intérêt et le motif de l'avoir inhumé
« sous un nom qui diffère si peu de celui de
« Matthioly ? »

C'est de ce qu'on vient de lire, rendu littérale-
ment, sans aucune altération, que le sieur Roux-
Fazillac conclut, avec une admirable confiance,
« que la raison, la nature, la notoriété de l'intri-
« gue, dont il a démêlé tous les fils, attestent que
« le comte Matthioly n'est et ne peut être que l'in-
« dividu désigné par l'opinion sous le nom du
« Masque de Fer. »

On aura de la peine à le croire ; mais c'est pré-
cisément à ces faits, à ces raisonnements, que se

sans doute très-rigoureuse, mais on n'en agit avec lui que comme
on en agissait avec les autres prisonniers d'état, sans aucune différence. Les puissances qu'il avait servies par sa trahison, quoique
bien informées de son sort, n'y prirent aucun intérêt. Bientôt ou-
blié, même de sa propre famille, on en vint à ne plus penser à lui,
pas plus qu'on n'a pensé dans d'autres tems à un vil colporteur de
livres défendus, quelques jours après qu'il avait été mis à la Bastille. Mais tout cela donne lieu à une réflexion bien douce à mon
cœur. Dès qu'on ne fit pas mourir Matthioly, si coupable, si cri-
minel, si indifférent au monde, et qu'on aima mieux faire pour lui
toutes les dépenses qu'exigea une détention d'environ 25 ans,
c'est à mes yeux une nouvelle preuve, dont cependant je n'avais
pas besoin, que les rois ni leurs ministres ne faisaient mourir personne à la Bastille.

réduit l'analyse de M. Roux-Fazillac, pour nous prouver d'une manière positive quel fut l'état de ce fameux inconnu; il nous avait promis beaucoup, mais très-certainement, il ne nous a pas donné tout ce qu'il nous avait promis. Nous ne dirons rien des preuves, qu'il a dû répandre dans son ouvrage; nous les y avons vainement cherchées. Nous n'avons donc rien à examiner, rien à réfuter; il aurait été facile sans doute de s'étendre en réflexions sur la solidité ou la faiblesse des raisonnements dont il a rempli sa dissertation, mais à quoi cela servirait-il? Nous arrêterions-nous à l'usage qu'il fait de quelques traits scandaleux de notre histoire, pour lui représenter que dans les temps où il écrivait, il y aurait eu sans doute un peu plus de générosité à les écarter de notre souvenir? Lui observerions-nous que le secret, *sous le voile duquel il prétend qu'il était intéressant à la dissimulation de la cour, de laisser les vestiges d'une action violente,* n'était point un secret en Italie, ni même dans toute l'Europe? Lui dirions-nous que les lecteurs demandent des preuves et non pas des conjectures, et que quand il conjecture *que ce pouvait être par une erreur du transcripteur qu'on lisait sur le verbal mortuaire le nom de Marchialy, au lieu de celui de Matthioly,* on ne saurait être plus malheureux que lui en conjecturant, puisque sa conjecture tombe de son propre poids, dès qu'on a la certitude que le nom de Marchialy se trouve exactement dans le journal de Dujonca, tel qu'il est écrit sur les registres mortuaires de Saint-Paul. Quand il demande où *l'on peut trouver l'intérêt et le motif d'avoir inhumé Marchialy sous un nom qui diffère si peu de celui de Matthioly*, ne serait-il pas permis de lui répondre que c'est parce que Marchialy et Matthioly sont deux noms qui diffèrent très-peu l'un de l'autre? Enfin s'il voit la preuve de la vérité de son système *dans la raison, dans la nature, dans la notoriété de l'intrigue, dont il a démêlé tous les fils*, ne pourrions-nous pas le féliciter d'y voir ce que personne n'y verra que lui? Qui pourrait, en effet, jamais croire qu'un homme tel que Matthioly puisse être le Masque de Fer, ce prisonnier fameux, qu'on se crut obligé de garder et de cacher avec des précautions si extraordinaires, si étranges, qu'elles sont sans exemple dans l'histoire? Mais pourquoi affliger M. Roux par une multitude de remarques, dont chacune, prise même séparément, porte une mortelle atteinte à la certitude qu'il s'attendait à trouver dans sa découverte? Soyons plus généreux que lui, plaignons-le de s'être donné en vain tant de peine, malgré tous les avantages que les fonctions publiques qu'il a remplies lui donnaient pour cette recherche, et ne lui présentons qu'un fait, un seul et unique fait, devant lequel tout son système doit s'évanouir.

PREUVE,

Que le Masque de Fer ne fut point enfermé à Pignerol, et que jamais il n'y fut sous la surveillance de St-Mars, d'où il résulte que Matthioly, que St-Mars eut pendant long-temps sous sa surveillance à Pignerol, n'est pas, et ne peut pas être le Masque de Fer.

Blainvilliers, dont il est parlé dans la relation et dans les lettres officielles qu'on a citées, était lieutenant de la compagnie franche qui suivit Saint-Mars à Pignerol, à Exilles et à Sainte-Marguerite. Il tenait de très-près à Saint-Mars par la naissance, et c'est probablement à ce titre qu'*il eut toujours un grand accès auprès de lui.* Ce ne fut qu'à la recommandation de Saint-Mars, que, peu connu de M. de Catinat, il reçut de lui la commission d'aller retirer les papiers originaux de la négociation de Casal, quand Matthioly eût déclaré que ces papiers étaient à Boulogne. Blainvilliers fut particulièrement chargé de soigner Matthioly depuis le moment de son arrestation. Ce prisonnier fut constamment sous sa garde, et lorsque Saint-Mars était à son poste, et pendant ses absences ; car quoi qu'on ait dit, ce gouverneur s'éloignait souvent des prisonniers dont

Lettre de M. de Palteau à Fréron, du 19 juin 176.

il avait la surveillance. Les lettres officielles attestent que dans le temps même que Matthioly était sous sa garde, Saint-Mars fit différents voyages à Casal, à Turin et dans d'autres lieux, il alla même quelquefois passer la saison aux eaux à Aix en Savoie. Si Blainvilliers servait Matthioly, il servait aussi les autres prisonniers. On lit dans une lettre de Saint-Mars à M. de Louvois, *que les domestiques qui leur portent à manger mettent ce qui fait besoin aux prisonniers sur une table, qui est là, et que son lieutenant le prend et le porte.* Ce lieutenant est Blainvilliers, puisque dans une autre occasion, Saint-Mars écrit encore à M. de Louvois en propres termes, *que Matthioly ayant dit de très-fâcheuses paroles à Blainvilliers pendant qu'il le servait, il avait chargé cet officier de lui dire, en lui faisant voir un gourdin, qu'avec cela on rendait les extravagants honnêtes, et que s'il ne le devenait, on saurait le mettre à la raison* [1]. On voit toujours et partout Blainvilliers, quand il s'agit des prisonniers. Il escorta de Pignerol à Exilles Matthioly et le dominicain, et ensuite d'Exilles à Sainte-Marguerite celui des deux, qui vivait encore, c'est-à-dire Matthioly. Matthioly lui était donc parfaitement connu. D'ailleurs, les instructions qu'il avait re-

Lettre du 10 mars 1682.

---

[1] Ce gourdin ne s'accorde guère avec les égards et le respect qu'on eut toujours pour le Masque de Fer.

çues quand il avait été nommé pour aller prendre à Boulogne les papiers originaux de l'affaire de Casal, n'avaient dû lui laisser rien ignorer ni sur Matthioly, ni sur sa famille. Il n'aurait pu sans cela bien remplir sa commission.

Cependant, ce même Blainvilliers, qui ne s'était jamais séparé de Saint-Mars, ni à Pignerol, ni à Exilles, ni à Sainte-Marguerite, était déjà depuis quelques années à cette même île Sainte-Marguerite, lorsque le Masque de Fer y fut déposé pour la première fois. On cacha ce prisonnier à tout le monde avec des précautions extraordinaires. *Blainvilliers lui-même ne fut pas excepté.* Le mystère qu'on lui en fit, après la confiance sans bornes dont il avait joui constamment jusqu'alors, ne servit qu'à exciter sa curiosité. Le seul moyen qu'il imagina pour la satisfaire fut de prendre la place d'un soldat, qui était en faction sous la fenêtre de cet inconnu ; il le vit, il le considéra autant que la chose fut possible, mais il n'en sut pas pour cela davantage.

Voilà ce que Blainvilliers avait déclaré plusieurs fois à M. de Palteau, à M. de Palteau, le neveu, l'héritier de M. de Saint-Mars, et son propre parent. Blainvilliers avait alors quitté le service : il était retiré dans le sein de sa famille, et il n'avait aucune raison pour inventer un fait, que son ignorance sur tout le reste rendait parfaitement indifférent. *Si le Masque de Fer eût jamais été renfermé à Pignerol, Blainvilliers aurait parlé de Pignerol à M. de Palteau, sans se compromettre, comme il lui parla de Sainte-Marguerite, sans s'être compromis.* On est obligé de renvoyer à un autre temps plusieurs autres raisons qui ne permettent pas de soupçonner qu'il n'ait pas dit la vérité.

Il reste donc prouvé que Blainvilliers, qui, sous les ordres de Saint-Mars, n'avait jamais perdu de vue Matthioly, ni à Pignerol, ni à Exilles, ni à Sainte-Marguerite, ne vit pour la première fois le Masque de Fer qu'à cette même île Sainte-Marguerite ; d'où *il résulte évidemment, que le Masque de Fer ne fut point enfermé à Pignerol sous la surveillance de Saint-Mars*, et que Matthioly y ayant été détenu fort long-temps, soigné même par Blainvilliers, il est impossible que Matthioly soit le Masque de Fer.

Tout finit là pour M. Roux-Fazillac, dont il ne doit plus être question : il a reçu son coup de grace. Mais nous nous permettrons d'ajouter quelques courtes réflexions à ce qu'on vient de lire. Elles nous ont paru réunir le mérite de la nouveauté à celui de la vérité, et nous espérons qu'à ces titres, on voudra bien nous les pardonner.

RÉFLEXIONS.

Il est démontré, comme on l'a vu, que Matthioly n'est pas et ne peut pas être le Masque de
Fer. Il est également de la plus grande évidence
que les prisonniers qui furent enfermés à Pignerol du tems de Saint - Mars ayant tous été parfaitement connus, il est impossible qu'aucun d'entre eux soit le Masque de Fer, personnage encore
inconnu. Il résulte de tout cela deux choses; la
première que le journal de Dujonca, en disant
fausssement que le Masque de Fer fut enfermé à
Pignerol, sous la garde de Saint - Mars, fournit
lui-même la preuve convaincante de sa fausseté.
*On a acquis, depuis que cet écrit est fait, des
preuves matérielles de la fausseté de ce journal.*
La deuxième, que le père Griffet, ayant établi
toutes ses assertions sur ce journal, dont il est
certain que la fausseté lui était bien connue, n'a
rempli sa dissertation que de faits faux, et surtout de raisonnements, dans lesquels il a eu pour
unique but de se rire malignement de la bonne
foi et de la crédulité du public. C'est de quoi chacun peut se convaincre en lisant avec un peu
d'attention le prétendu examen. Ces deux faits,
une fois reconnus pour certains, sont le bout du
fil qui doit conduire les lecteurs hors du labyrin-

the dans lequel ce jésuite croyait nous avoir tous égarés sans retour. Un jour (et peut-être ce jour n'est pas fort éloigné) nous joindrons à ce trait de lumière une multitude de preuves qui ne laisseront aucun doute sur ce sujet. En attendant, nous demanderons s'il est un homme, pour peu qu'il réfléchisse, qui ne sente pas qu'il ne pouvait y avoir rien de caché à la Bastille pour celui qui en était le confesseur? Le père Riquelet, jésuite, avait cet emploi délicat, à l'époque du Masque de Fer. D'autres jésuites l'occupèrent constamment après lui, et enfin le père Griffet lui-même y fut nommé le 3 de décembre 1745 [1], et l'exerça jusques vers l'année 1763. On sait que les confesseurs, faisant partie de l'état-major, étaient obligés, ainsi que tous les autres officiers, de faire à leur réception le serment de ne jamais rien dire de ce qui se passait à la Bastille. On demandera donc encore s'il est possible que le père Griffet ait eu véritablement l'intention de révéler à ses lecteurs un secret de la Bastille, auquel le gouvernement mettait la plus grande importance, à en juger du moins par les précautions extraor-

---

[1] L'auteur des mémoires pour servir à l'histoire de Perse est le premier qui ait parlé du Masque de Fer, puisque Voltaire n'en fit mention que vers l'année 1752. Ces mémoires parurent en 1745, et c'est cette même année 1745 que le père Griffet fut nommé confesseur de la Bastille. Cette rencontre est très remarquable, et elle pourrait donner lieu à beaucoup de réflexions et de conjectures.

dinaires qu'il employa pour le cacher? On demandera enfin s'il est possible qu'un homme aussi
sage, aussi judicieux, aussi estimable à tous égards
que ce jésuite, ait violé ainsi des devoirs sacrés que
sa qualité de confesseur rendait plus sacrés encore,
et que, de propos délibéré, il ait voulu se dés-
honorer par un parjure à la face de l'univers ?
Non, jamais, un homme raisonnable ne pourra
se le persuader. On sera fortement persuadé au
contraire que le père Griffet n'a feint de chercher
la vérité que pour la mieux cacher, et que selon
son plan, et même *selon l'intérêt de sa cause*, il
s'est constamment appliqué dans son ouvrage à
dire en tout le contraire de la vérité.